AF358983

ICONOGRAPHIE

DU

NOBLE JEU DE L'OYE.

Z. De Vinck
3598

Bruxelles. — Fr. Gobbaerts, imp. du Roi,
rue de la Limite, 21.

ICONOGRAPHIE

DU

NOBLE JEU DE L'OYE

CATALOGUE DESCRIPTIF ET RAISONNÉ

DE LA

COLLECTION DE JEUX

FORMÉE PAR

LE BARON DE VINCK

BRUXELLES

CHEZ FR.-J. OLIVIER, LIBRAIRE

11, *Rue des Paroissiens*

1886

EXTRAIT DES ANNALES DU BIBLIOPHILE BELGE.

ICONOGRAPHIE

« NOBLE JEU DE L'OYE ».

PRÉFACE.

Voici un titre qui fait sourire, et pourquoi pas? Ce n'est pas pour pleurer qu'on a inventé le « Noble jeu de l'oye »: qui d'entre nous, dans son jeune âge, n'a pas joué au jeu d'oie, en famille, autour de la table, à la lueur d'un quinquet? Quels bons rires quand l'aïeul était tombé dans le puits ou la prison, et que les jeunes pouvaient empocher la cagnotte!

Le plus vieux jeu d'oie de cette collection date de 1640. On dit que ces jeux sont renouvelés des Grecs, parce que les Grecs et les bonneteurs du bon vieux temps étaient habiles à piper les dés qu'on emploie à ce jeu. Dès 1583, Henri III avait mis un droit de « un sol parisis sur chacune balle de dix-huit dés », ce qui dénote que ligueurs et huguenots devaient être d'effrontés joueurs. On jouait alors au jeu d'oie, comme on joue aujourd'hui aux courses de chevaux, et les exempts du guet étaient lancés sur les bonneteurs comme les gendarmes d'aujourd'hui sur les bookmakers.

Toute collection est respectable, et celles-là même qui prêtent le plus à la risée sont parfois celles qui cachent les documents les plus précieux. Feuilletez ces portefeuilles de jeux, vous y rencontrerez des documents historiques et généalogiques précieux : on y voit où s'arrêtaient les connaissances des plus doctes géographes sous le règne du Roi Soleil; l'art de la guerre, des fortifications, de la marine, de la tactique militaire s'y trouve expliqué dans le plus grand détail; l'étude du costume y est des plus amusantes : on dirait les feuillets d'un journal de modes; le théâtre nous remémore les pièces et les noms des artistes en vogue; l'étude des mœurs y est des plus indiscrètes : on y surprend, par exemple, la bergère condamnée à ôter sa jarretière et à la passer au cou de son berger pour le lier à sa chaise; les cris des rues de Paris s'y retrouvent à des époques différentes dans une ronde échevelée.

L'histoire, telle que nous la rencontrons-là, n'est pas toujours exempte de préjugés politiques; ainsi l'un de ces jeux, inspiré par les disciples du père Loriquet, nous montre Louis XVIII succédant directement et sans transition à Louis XVI, mort en 1793. La satire s'y ébat joyeusement, car des protestants français risquaient leur argent sur un jeu qui flagelle la fameuse bulle *Unigenitus*. Trève donc de sarcasmes à l'adresse des collectionneurs.

Le jeu de l'oie renouvelé des Grecs contient le plus souvent soixante-trois cases ; mais ce nombre n'est pas fatidique, car l'imagination des dessinateurs s'est souvent donné libre cours et on rencontre plus de vingt dispositions différentes de jeux variant entre quarante et cent neuf cases.

Le plus grand nombre des pièces a été gravé sur cuivre et peu d'artistes ont signé leur œuvre. Les mesures de hauteur et de largeur indiquées à la suite de la description des estampes correspondent, sauf indication contraire, aux dimensions de la planche.

La bibliothèque royale nous a fourni quelques gravures intéressantes.

La collection s'arrête à la seconde restauration des Bourbons, en 1815. Les jeux d'oie étaient en grande vogue, alors qu'à la ville et au village on lisait peu ou point du tout et que les illettrés étaient nombreux : la diffusion de l'instruction a tué les jeux d'oie, mais vous les verrez revenir à la mode.

Baron DE VINCK.

CATALOGUE DESCRIPTIF ET RAISONNÉ

DE LA

COLLECTION DE JEUX

FORMÉE PAR

LE BARON DE VINCK.

1. — CARTE POUR LE JEU DE L'ARBALET (*sic*).

Grand disque gravé sur bois, formé de huit cercles concentriques numérotés de 1 à 9.
H. 0ᵐ,630. L. 0ᵐ,480.

2. — JEU FLAMAND, signé **G. Cawe.**

Au centre, une scène de joueurs et, aux quatre angles, des paysanneries, costumes du XVIᵉ siècle : soixante-trois cases dont la dernière représente un écolier chassé par son maître à coups de pincettes. Gravure sur bois, à l'usage du peuple, lourdement exécutée.
H. 0ᵐ,350. L. 0ᵐ,410.

1640.

3. — LE DIVERTISSEMENT STUDIEUX DES RELIGIEUSES URSELINES. — O âmes religieuses et simples, qui employez les jours aux œuvres de miséricorde envers le prochain, et les nuits à chanter les louanges de Dieu, comme il nous l'a ordonné au sentiment de David; il est juste que vous délassiez quelque-

fois votre corps et que vous relaschiez votre esprit par quelque délassement honnête.

Fait par M. Hamel, curé de Mouy. Se vend à Paris, chez Crepy, rue St Jacques, « à St Pierre », avec privilège du Roi.

Le nom de Crepy a remplacé le nom primitif de J. Jollain l'aîné, et on peut encore déchiffrer l'indication de la demeure de J. Jollain, qui avait pour enseigne « à la Ville de Cologne ».

Soixante-six cases; la sixième porte cette indication : La congrégation des Urselines d'Avignon établie le 24 avril 1623 et changée en religion le 30 mars 1637.

H. 0ᵐ,380. L. 0ᵐ,495.

4. — LE JEU DES AVEUGLES, PRÉSENTÉ AUX MONDAINS AVEUGLÉS PAR LE PÉCHÉ.

Par M. Hamel, curé de Mouy. Se vend à Paris, chez Crepy, rue St Jacques, « à St Pierre », avec privilège du Roi.

Jeu composé de soixante-trois cases.

Cette planche a dû faire partie du fond d'un autre éditeur avant d'appartenir à Crepy, car le nom de ce marchand est en surcharge sur un nom imparfaitement effacé, et on peut encore distinctement découvrir les mots « à la Ville de Cologne ». Or, à cette époque, c'était J. Jollain qui avait pour enseigne « à la Ville de Cologne », et les grattages encore perceptibles sous le nom de Crepy répondent parfaitement au nom de J. Jollain.

Exempl. colorié. H. 0ᵐ,380. L. 0ᵐ,490.

5. — LE DIVERTISSEMENT DES RELIGIEUSES. — Il est juste que les religieuses se divertissent, car la joie appartient à ceux qui ont le cœur droit, comme dit le prophète royal, mais il faut qu'elles se souviennent de ne se divertir qu'en Dieu et pour l'amour de Dieu, comme dit l'apôtre.

Pour ce jeu, on se servira d'un cochonnet de douze points, au lieu de deux dez qui doivent être en horreur aux âmes vertueuses. Composé par M. Hamel, curé de Mouy. Se vend à

Paris, chez Chrépy (*sic*), rue St Jacques, « à St Pierre », avec privilège du Roi.

Soixante-trois cases.

Le nom de Chrépy a été substitué à celui d'un autre éditeur plus ancien, mais le grattage ne permet pas d'en découvrir le nom.

Exempl. colorié. H. 0^m,410. *L.* 0^m,515.

1643.

6. — JEU CHRONOLOGIQUE, utile pour apprendre la suitte des siècles et ce qui est arrivé de plus remarquable en chascun (*sic*). La troisième et dernière partie se termine au siècle présent qui est considérable par la naissance des deux Roys de France du nom de Louis de Bourbon et est le 17me à compter depuis la naissance de N. S. Jésus-Christ.

Dédié à Monsieur le Baron de Montpaou, par son très humble serviteur L. Alègre le fils.

A. Peyronnin, sculpt., avec privilège du Roi. A Paris, chez Pierre Mariette, rue St Jacques, « à l'Espérance », et chez G. le Juge en l'Isle du Palais, « à la Sphère Royale ».

Jeu d'oie composé de quarante cases, dont quatorze représentent des scènes gravées.

Exempl. colorié. H. 0^m,400. *L.* 0^m,525.

1660.

7. — LE JEU DES FRANÇAIS ET DES ESPAGNOLS POUR LA PAIX, par P. D. V. G. D. R., avec privilège du Roi pour vingt ans, 1660.

Cette figure est composée de vingt-six ovalles qui représentent ce qui s'est passé de plus considérable entre les deux nations pendant les vingt-cinq années de la guerre et celle de la paix. On lui donne ce nom de jeu parce qu'il semble que les deux partis aient comme joué pendant tout ce temps là à prendre et à reprendre des villes.

A Paris, chez Antoine de Fer, marchand de taille douce et enlumineur de cartes géographiques, demeurant en l'Isle du

Palais, sur le quai qui regarde la Mégisserie, « à l'Aage de fer et la Sphère Royale ».

C'est une suite d'ovales, divisés pour moitié à la gloire de chacune des deux nations.

H. 0^m,405. *L.* 0^m,450.

Coll. de la Bibliothèque royale de Bruxelles.

1662.

8. — LE JEU DES NATIONS PRINCIPALES de la terre universèle où leurs mœurs, leurs modes et leurs coutumes sont particulièrement dépeints pour instruire et récréer tout ensemble les curieux de l'histoire et de la géographie.

Recueilli de plusieurs autheurs, par Louis Richer.

Dédié à Monseigneur le Marquis de Sourches, fils de M. le grand prévost et reçu en survivance de sa charge, par son très humble et très obéissant serviteur Ni. de Fer.

A Paris, chez Antoine de Fer, marchand de taille douce et enlumineur de cartes géographiques, demeurant en l'Isle du Palais, sur le quai qui regarde la Mégisserie, « à l'Aage de fer et la Sphère Royale », avec privilège du Roi, 1662.

Cochin fecit ; le Fébure scrip.

Chacune des quarante-trois cases contient la gravure des modes d'un pays. Sous la case consacrée aux Français, on lit : Sont d'une taille avantageuse et de bonne mine, la taille belle, les femmes y sont charmantes, tant d'esprit que de corps, fort changeants, tant les uns que les autres pour les modes, propres et magnifiques en leurs festins, vaillans, fidèlles à leur Roi, courtois aux estrangers et très catholiques.

H. 0^m,420. *L.* 0^m,560.

9. — LE JEU ROYAL ET HISTORIQUE DE LA FRANCE, nouvellement inventé pour apprendre facilement et en peu de temps la suite merveilleuse de nos Rois, leurs actions les plus mémorables, la durée de leur règne, le temps de leur mort et le lieu de leur sépulture ; depuis Pharamond jusques à notre invin-

cible monarque Louis XIV, Dieu donné heureusement régnant. Le tout recueilli des plus célèbres historiens anciens et modernes. — Paris, chez N. Defer, dans l'Isle du Palais, sur le quai de l'Horloge, « à la Sphère Royale », avec privilège du Roi.

La soixante-quatrième case, consacrée au Roi Soleil, finit par ces lignes : Tous lesquels exploits ont procuré à la France la paix générale et le mariage de ce monarque avec Marie-Thérèse d'Autriche en l'année 1660 : de ce mariage est né Monseigneur le Dauphin, le 1er novb. 1662.

Dans le coin gauche du jeu se trouvent les armoiries de France.

H. 0m,480. *L.* 0m,680.

1664.

10. — JEU DU BLASON.

Sous le trait carré : Chez Legras, grande salle du Palais, à L. Couronnée. Roussel, sculp.

Cinquante-cinq cases qui contiennent les noms de la famille royale, des princes, des grands dignitaires, des rois de l'Europe, des républiques, des cantons de Suisse. La quatorzième case est consacrée au duc de la Meilleraie ; or comme le duc est décédé en 1664, ce jeu doit nécessairement être antérieur à cette date.

Qui était ce Legras qui tenait boutique dans la grande salle du Palais? Peut-être était-ce quelque concierge ou quelque préposé au vestiaire qui débitait aux gens de loi, des jeux d'oie pour les amuser et les empêcher de dormir pendant que les plaideurs exposaient à la cour leurs doléances. En tous cas, le rapprochement est étrange.

H. 0m,380. *L.* 0m,460.

1667.

11. — JEU D'ARMOIRIES des souverains et États d'Europe pour apprendre le blason, la géographie et l'histoire curieuse, dédié à S. A. R. de Savoye, par C. Oronce Fine dit de Brian-

ville, conseiller et aumonier du Roi. A Lyon chez B. Coral. — Se vend à Amsterdam chez Pierre Mortier, libraire sur le Vygendam, « à la ville de Paris ».

Tel est le titre d'un très rare petit volume in-12, sans aucune date. Il donne l'explication de chacune des cinquante-deux cartes qui forment le jeu, à commencer par Louis XIV représentant le roi de cœur. Le roi de trèfle figure les armoiries papales de Clément IX, nominativement désigné à la page 53, et la carte du jeu donne en dessus les armes des Rospigliosi avec leur désignation : écartelé d'or et d'azur à quatre lozanges de l'un en l'autre ; or, comme ce pape ceignit la tiare de 1667 à 1669, la date de publication des cartes et du bouquin est incontestable. Le roi de carreau est dénommé Philippe IV d'Espagne, mais le prédécesseur de Charles II étant décédé en 1665, deux ans avant l'élection de Clément IX, nous avons le droit de nous étonner de l'ignorance d'un conseiller et aumônier du grand roi qui fait revivre les morts.

Les cinquante-deux cartes, mesurant chacune H. 0ᵐ,087, L. 0ᵐ,055, sont gravées sur six feuillets de H. 0ᵐ,186, L. 0ᵐ,230.

1678.

12. — LES DÉLASSEMENS DES ÉLÈVES DE MARS, OU NOUVEAU JEU MILITAIRE, pour apprendre à la jeune noblesse les principaux termes de la guerre. Ce jeu a été fait à l'imitation de celui de l'oye, afin de proposer une manière de jouer déjà connue de tout le monde.

Dédié à S. A. S. Louis Armand de Bourbon, prince de Conti, prince du Sang, par son très humble et très obéissant serviteur Roussel. — à Paris, chez Crépy, rue St Jacques, « à St Pierre », près la rue de la Parcheminerie.

Le jeu se compose de soixante-trois cases ; la soixantième représente l'hôtel des Invalides, qui est la retraite des officiers et soldats estropiés ; et comme c'est en 1668 que le Roi a commencé l'établissement des Invalides, nous ne nous tromperons pas

beaucoup en assignant à cette pièce la date de 1678. Ce jeu est
excessivement curieux pour la technologie de la guerre à cette
époque.

Exempl. colorié. H. 0^m,440. *L.* 0^m,555.

1683.

13. — LE JEU DU BLASON, PAR N. DE FER, GÉOGRAPHE
DE SA MAJESTÉ CATOLIQUE (*sic*). L'on doit considérer ce jeu
comme une méthode ou introduction de l'art du blason.
Il commence par la connaissance des émaux et des méteaux,
des fourrures, des traits ou partitions des pièces qui entrent dans
les armes, des suports, etc., et autres ornements et marques exté-
rieures de l'écu, les armes des Rois, princes et républiques de
l'Europe, avec les principaux ordres de chevaleries qui ont été
institués dans cette belle partie du monde.

A Paris, se vent (*sic*) chez Danet, gendre, l'auteur, sur le
pont Notre-Dame, « à la Sphère Royale ».

Dédié à très haut et puissant Seigneur Messire Louis Pheli-
peaux, marquis de Lavrillère, Châteauneuf et autres lieux,
conseiller du Roi en tous ses conseils, ministre et secrétaire
d'État, commandeur des ordres de Sa Majesté, par son très
humble et très obéissant serviteur de Fer.

La soixante-troisième case représente les armes de Louis XIV
et de Marie-Thérèse d'Autriche. Marie-Thérèse étant morte
en 1683, la publication de ce jeu est donc antérieure à cette
époque. Probablement qu'en ce moment N. de Fer avait cessé
son commerce de marchand d'estampes et avait transféré son
enseigne de la Sphère Royale du quai de l'Horloge, chez son
gendre, au pont Notre-Dame. A cette époque aussi le marquis
de la Vrillière était commandeur des ordres du Roi. L'explica-
tion du jeu nous apprend qu'on le jouait avec deux dés ou bien
avec un cochonnet.

H. 0^m,420. *L.* 0^m,554.

1685.

4. — L'ÉCOLE DE LA VÉRITÉ POUR LES NOUVEAUX

CONVERTIS. Rien n'empêche, dit un ancien, que l'on ne puisse apprendre la vérité en riant, je dis ici en jouant, au contraire, c'est un moyen plus agréable pour la faire entrer dans les esprits que ces sortes de conférences de contestation, où souvent elle s'évanouit dans la chaleur de la dispute.

A Paris, chez Jollain, rue St Jacques, « à l'enfant Jésus ».

Soixante-trois cases; la trente-cinquième est consacrée à Louis le Grand, Roy très chrétien, qui abbat les hauts lieux et les temples des hérétiques en l'an 1685.

Cette estampe est une pièce historique des plus précieuses; éditée à l'époque de la révocation de l'édit de Nantes, elle nous rappelle la préoccupation des esprits à cette époque, et nous démontre bien cette tendance constante de l'esprit français à mêler les choses les plus graves aux plus futiles: le plus grand acte politique du siècle enchassé dans un jeu d'oie.

H. 0^m,400. *L.* 0^m,515.

15. — L'ESCOLE DES PLAIDEURS. Pendant que les plaideurs attendent Mons. leur procureur, leur avocat ou leur raporteur dans un antichambre pour ne pas perdre patience, ni se désennuyer en parlant mot de leurs parties, ils pourront se divertir à ce jeu ci, où ils apprendront bien mieux l'événement de leurs causes, que de la bouche du plus fameux consultant du palais.

Humblot ex., « à l'enfant Jésus », à Paris, chez Chrépy, rue St Jacques.

Ce jeu porte l'adresse de Chrépy, mais on aperçoit en-dessous les traces du grattage du nom de Jollain.

La gravure, la contexture des soixante-trois cases, le type de l'écriture, tout en un mot rappelle le jeu de 1685, intitulé l' « École de la Vérité ». Aux quatre coins, il y a une sentence: Le procureur et le boucher scavent également trancher. — Procès et femme qui vit mal meine (sic) un homme à l'hôpital. — Le praticien plumitif escorche le plaideur tout vif. — La chicane est une vermine, qui les meilleurs maisons mine.

Gageons que Jollain aura dans sa vie perdu quelque procès, *car il use ici du dernier droit d'appel, celui de maudire les juges et les procès : l'histoire ne nous dit pas s'il mourut pauvre et s'il eut réellement des torts à reprocher à Mme Jollain.*

H. 0^m,395. *L.* 0^m,515.

Même jeu colorié.

1686.

16. — LE JEU DES ÉCOLIERS. — Il n'est point d'écolier qui ne joue, et il suffit de l'estre pour apprendre et scavoir touttes sortes de jeux.

Se vend à Paris, chez Crépy, rue St Jacques, « à St Pierre », avec privilège du Roi.

Soixante-trois cases ; aux angles, quatre préceptes latins de saint Bernard. L'adresse a été en partie grattée ; le nom de Crépy a remplacé celui de Humblot l'aîné.

Exempl. colorié. H. 0^m,388. *L.* 0^m,495.

17. — LE DIVERTISSEMENT ROYAL, sur les vertus héroïques de Louis XIV, roi de France et de Navarre. Cet incomparable monarque a tant de belles qualités, qu'on peut dire sans flatterie qu'il est autant et plus l'héritier des vertus de ses prédécesseurs, que de leur couronne, et qu'il mérite, lui seul, tous les titres qui ont été donnés aux autres rois ensembles.

Chez Humblot, « à l'enfant Jésus ».

Sous le trait carré : A Paris, chez Crépy, rue St Jacques, « à St Pierre », près la rue de la Parcheminerie.

Soixante-trois cases, et dans chacun des coins le soleil avec la fameuse devise : Nec pluribus impar. *La soixante-troisième case enchérit encore sur les éloges du titre :* A Louis XIV, dit le dévot, le conquérant, le catholique, le bon, le sage, le bien-aimé, le victorieux, le libéral, le père du peuple, le restaurateur des arts et des lettres, le juste, le grand.

Comme il doit être pénible pour un homme de voir brûler devant soi tant d'encens ; et quel mépris doit ressentir cet

*homme pour ses adulateurs, car ce ne sont pas les adulations
qui grandissent l'homme, quelques succès et quelque gloire qu'il
ait pu récolter.*

*Au-dessus du texte de la soixante-troisième case est dessinée
la statue du Roi de la place des Victoires, cette fameuse statue,
modelée par Desjardins, recteur de l'Académie royale de
peinture et de sculpture, mort à Paris, en 1694. La légende de
l'indication de la place des Victoires est encore incomplète, ce
qui donne à penser que cette estampe date de l'époque de l'inau-
guration de la statue, avant que la nouvelle place ne fût
baptisée.*

*On se souvient encore du fameux distique inspiré par les
quatre lanternes que le duc de la Feuillade avait fait placer
aux angles du piédestal de la statue, pour éclairer le soleil.*

H. 0^m,425. L. 0^m,525.

1697.

18. — LE JEU DE LA GUERRE, où tout ce qui s'observe dans
les marches et campements des armées, dans les batailles,
combats, sièges et autres actions militaires, est exactement représenté avec les définitions et les explications de chaque chose en
particulier. Dédié à Monseigneur le duc de Bourgogne, par
J. Mariette.

Sous le trait carré : Inventé et dessiné par Gilles de la Bois-
sière, ingénieur ordinaire du Roi, et gravé par Pierre Lepautre.
A Paris, chez J. Mariette, rue St Jacques, « aux colonnes d'Hercule », avec privilège du Roi.

*Cinquante-deux cases avec des petits sujets de guerre en
forme de cartes à jouer. C'est la planche primitive du fameux
jeu de Lepautre qui a dû être éditée vers 1697, avant le mariage
du duc de Bourgogne avec Adélaïde de Savoie, à l'époque où
Fénelon venait de composer son Télémaque.*

H. 0^m,495. L. 0^m,690.

1712.

19. — LE NOBLE JEU DE L'OYE RENOUVELLÉ DES GRECS, DÉDIÉ AUX AMATEURS. Aveline, sculp.

Sous le trait carré : à Paris, chez Daumont, rue St Martin, près St Julien, avec privilège du Roi. *Au bas, à gauche, on lit ces lignes :* Le sieur Daumont donne avis qu'il a déjà gravés (*sic*) plusieurs jeux de cette grandeur et dans différents genres, qu'il travaille à plusieurs autres, lesquels seront dénommés ci-après à mesure qu'ils seront gravés, scavoir : 1º le jeu de l'oye ; 2º le jeu de la guerre ; 3º le jeu des fortifications ; 4º le jeu du blason ; 5º et 6º le jeu des vices et des vertus.

Soixante-trois cases finement gravées, représentant pour la plupart des compositions champêtres animées par des groupes de petits amours, sont caractérisées par une mise en scène gracieuse et délicate. Il y a là une facilité de crayon qui réflète le sentiment artistique de toute une école.

H. 0m,505. *L.* 0m,685.

20. — FIGURE DES CARTES A JOUER AU JEU DU PORTE-ENSEIGNE.

Instruction du noble jeu militaire. Ce jeu est composé de vingt-neuf cartes à jouer qui représentent tous les officiers d'un régiment et de ses dépendances, y compris treize porte-enseignes de différentes nations sur qui roule tout ce jeu ; avec privilège et se vend à Amsterdam, chez Nicolas Chevalier et Jacques Tirel, marchands libraires, sur le Rockin. Nicolas Chevalier, marchand libraire, à Utrecht.

Jeu très original, de forme circulaire. En haut, huit cartes à jouer et autant au bas. Nicolas Chevalier est connu pour avoir publié les armoiries des plénipotentiaires de la paix d'Utrecht, et son jeu a peut-être servi à délasser les illustres ambassadeurs dans leurs moments de loisir.

H. 0m,585. *L.* 0m,440.

Coll. de la Bibliothèque royale de Bruxelles.

21. — LE JEU DE LA GUERRE, où tout ce qui s'observe dans les marches et campements des armées, dans les batailles, combats, sièges et autres actions militaires, est exactement représenté avec les définitions et les explications de chaque chose en particulier. Dédié à Monseigneur le duc de Berry, par Daumont.

Sous le trait carré : Inventé et dessiné par Gilles de la Boissière, ingénieur ordinaire du Roi, et gravé par Pierre Lepautre. A Paris, chez Daumont, rue St-Martin, près St-Julien des Menestriers, avec privilège du Roi, et à présent chez Crépy, rue St Jacques, « à St Pierre », près la rue de la Parcheminerie.

Cinquante-deux cases de la forme d'une carte à jouer, ayant chacune un petit sujet de guerre et un texte.

Le duc de Berry étant mort en 1714, cette estampe ne peut pas être postérieure à 1713.

C'est la copie de la planche de 1697. Daumont, après la mort du duc de Bourgogne en 1712, a gratté la dédicace de Mariette pour y substituer celle au duc de Berry.

H. 0^m,495. *L.* 0^m,690.

22. — LE JEU DES FORTIFICATIONS, dans lequel les différents ouvrages qui servent à la défense des places et des camps sont exactement désignés selon la plus nouvelle manière, avec toutes leurs définitions et une explication courte et facile des termes qui sont en usage dans cet art. Dédié à l'illustre jeunesse élevée dans l'école royale militaire, par Daumont.

Sous le trait carré : Inventé et dessiné par Gilles de la Boissière, ingénieur ordinaire du Roi. A Paris, chez Daumont, rue St Martin, près St Julien des Menestriers, avec privilège du Roi, et à présent chez Crépy, rue St-Jacques, « à St-Pierre », près la rue de la Parcheminerie.

Cinquante-deux cases en forme de cartes à jouer, contenant chacune un dessin de fortification, un texte et une petite carte dans le haut à droite.

Cette pièce est contemporaine de la précédente, par le dessin.

la gravure et les indications ; elles ont dû être éditées en la même année.

H. 0^m,495. **L.** 0^m,685.

23. — LE JEU DES FORTIFICATIONS, dans lequel les diffé-rents ouvrages qui servent à la défense des places et des camps sont exactement désignés selon la plus nouvelle manière, avec toutes leurs définitions et une explication courte et facile des termes qui sont en usage dans cet art.

Dédié à l'illustre jeunesse élevée dans le collège de Louis le Grand, par N.-J.-B. de Poilly.

Sous le trait carré : Inventé et dessiné par Gilles de la Bois-sière, ingénieur ordinaire du Roi. A Paris, chez N.-J.-B. de Poilly, rue St Jacques, « à l'Espérance », avec privilège du Roi.

Cinquante-deux cases, de la grandeur d'une carte à jouer, figurant les divers ouvrages de fortification : à droite, en haut, une réduction de carte à jouer.

Exempl. colorié. **H.** 0^m,495. **L.** 0^m,690.

Coll. de la Bibliothèque royale de Bruxelles.

Il existe à la Bibliothèque un tirage de la même planche, mais avec un changement d'adresse : à Paris, chez J. Mariette, rue St Jacques, « aux Colonnes d'Hercule », avec privilège du Roi.

24. — LE JEU DES FORTIFICATIONS, dans lequel les diffé-rents ouvrages qui servent à la défense des places et des camps sont exactement dessinés selon la plus nouvelle manière, avec toutes leurs définitions et une explication courte et facile des termes qui sont en usage dans cet art.

Se vend à Amsterdam, chez P. Mortier.

Présenté à Monseigneur le duc de Bourgogne.

Cinquante-deux cases en forme de cartes à jouer, avec un dessin de fortification et une explication correspondante.

Le duc de Bourgogne étant mort en 1712, ce jeu ne peut être postérieur à cette année. Le jeu des fortifications a dû avoir

*un grand débit, à une époque où les sièges et les batailles étaient
la grande préoccupation du public.*

H. o^m,480. *L.* o^m,695.

1713.

25. — CARTE MÉTHODIQUE pour apprendre aisément le
blason en jouant soit avec les cartes à tous les jeux ordinaires,
soit avec les dez comme au jeu de l'oye, dédié à Monseigneur le
comte d'Artois, par son très humble et très obéissant serviteur
Daumont.

Sous le trait carré : A Paris, chez Daumont, rue St Martin,
avec privilège du Roi, à présent chez Crepy, rue St Jacques,
« à St Pierre », près la rue de la Parcheminerie.

*Cinquante-trois cases, parmi lesquelles douze personnages en
pied ; chaque case portant ou des cœurs, ou des carreaux, ou des
piques ou des tréfles, et le nombre de points figurés par des
blasons, de manière à pouvoir être découpée et servir de jeu de
cartes. C'est donc une estampe très précieuse pour les collectionneurs de jeux de cartes.*

Le Noble jeu de l'oye renouvellé des Grecs *publié par Daumont
annonce le projet de publier les jeux de la guerre, des fortifications et du blason ; par conséquent, le jeu actuel est contem-
porain du jeu de la guerre et de celui des fortifications.*

H. o^m,500. *L.* o^m,625.

26. — CARTE MÉTHODIQUE.
Exemplaire colorié.

27. — LE NOUVEAU JEU DE LA MARINE.
L'objet du jeu est d'instruire, en amusant, de tous les termes
marins.

Sous le trait carré : A Paris, chez Daumont, rue St Martin,
à présent chez Crepy, rue St Jacques, « à St Pierre, » près la
rue de la Parcheminerie. Avec privilège du Roi.

*Soixante-trois cases représentant des navires ainsi que
l'explication des termes usités dans la marine.*

Exempl. colorié. H. o^m,500, *L.* o^m,725.

28. — Les Étrennes de la Jeunesse : le petit jeu d'amour.

Aucune désignation d'éditeur.

Très drôle et très amusant ce jeu : A la coquarde, n° 4, le nouveau engagé baisera la main de sa bergère ; à l'inconstance, n° 8, la bergère ôtera sa jarretière et la mettra au cou de l'inconstant attaché au dos de sa chaise ; à la brosse, n° 12, le berger prendra une brosse, baisera le bas de la robe de sa bergère et la brossera bien ; à la béquille, n° 24, le boîteux fera le tour de la chambre en sautant sur un seul pied ; à la jarretière, la bergère présentera la sienne à son berger qui la lui remettra proprement ; à la fidélité, n° 28, la bergère fidèle s'asseoira sur le genou de son berger et y restera jusqu'à ce que chacun ait joué deux fois ; aux deux cœurs, n° 32, alliance.

Et que l'on vienne encore s'étonner de voir les jeux d'oie, inventés par les Grecs, survivre aux révolutions et aux chutes des empires.

Ce jeu se compose de deux ronds accolés ; aux coins, deux fleurs de lys et deux arabesques.

Exempl. colorié. H. 0m,390. *L.* 0m,565.

29. — Les Étrennes de la Jeunesse : le petit jeu d'amour.

Sous le trait carré : A Paris, chez Crepy, rue St Jacques, « à St Pierre, » près la rue de la Parcheminerie, n° 252.

C'est une variante du jeu précédent composé également de deux ronds accolés, surmontés de charmants petits amours ; au bas de la feuille, à gauche, une petite fille fait voltiger un papillon retenu par un fil et, à droite, un jeune gars fait danser son chien.

La disposition des trente-deux cases de chaque rond diffère notablement de l'arrangement du jeu précédent :

A la jarretière, n° 4, la bergère présentera la sienne à son berger qui la lui remettra proprement ; le n° 16, le mépris, est représenté par un de ces vases intimes qui n'ont pas de nom dans la langue française : arrivé à ce n°, la méprisante se lèvera pour faire la révérence à son berger, puis à tous les autres ; à la fidélité, nᵒ 24, la bergère fidèle s'assoira sur le genou de son berger, jusqu'à ce que l'un des deux tombe dans quelque mauvais défaut.

Exempl. colorié. H. 0ᵐ,440. L. 0ᵐ,545

30. — LA ROUE DE LA FORTUNE. JEU NOUVEAU A L'IMITATION DE LA LOTERIE ROYALE DE FRANCE.

Quatre-vingt-seize numéros avec une disposition qui rappelle la roulette des anciens jeux publics.
Exempl. colorié. H. 0ᵐ,415. L. 540.

31. — LE NOUVEAU JEU DU OUI OU NON.

Ce jeu est ainsi nommé parce qu'à chaque coup l'on peut perdre ou gagner. Il se joue avec deux dez, et chacun marque son jeu avec une marque ou jetton, comme au jeu d'oie, commençant tous par le nᵒ 1.

C'est une espèce de cadran, avec douze numéros seulement et pas de nom d'éditeur.
Exempl. colorié. H. 0ᵐ,300. L. 0ᵐ,235.

1715.

32. — TABLEAU CHRONOLOGIQUE DE L'HISTOIRE UNIVERSELLE EN FORME DE JEU. Hommes remarquables dans l'histoire universele (*sic*). Se vend à Paris, chez Crepy, rue Sᵗ Jacques, « au Lion d'argent ».

Le médaillon de Louis XV, enfant, termine la série des cases qui commencent à Adam.
Ce jeu a servi de modèle exact à un jeu édité par Crepy, en 1767.
Exempl. colorié et rehaussé d'or. H. 0ᵐ,440. L. 0ᵐ,580.

1718.

33. — NOUVELLE MÉTHODE DE GÉOGRAPHIE, OU VOYAGE

curieux par les villes les plus considérables et les principaux pays des trente gouvernements généraux et les six particuliers du royaume de France. Avec la carte générale du royaume de France, suivant les nouvelles observations. Se vend à Paris, chez Crêpy, rue St Jacques, « au Lion d'argent », 1718.

La cent neuvième et dernière case est surmontée du portrait de Louis XV, roi de France et de Navare, figure d'enfant avec de longs cheveux; au centre est figurée une carte de France.

Le texte de ce jeu a été copié en 1780 et approprié au jeu de l'Émulation française.

Exempl. colorié. H. o^m,450. L. o^m,580.

34. — NOUVELLE MÉTHODE DE GÉOGRAPHIE, OU VOYAGE DU MONDE par les villes les plus considérables de la terre, où par un jeu on apprend la situation des pays et des villes, leurs dépendances et la religion des peuples, avec une mappemonde où les routes de ce voyage sont marquées.

A Paris, chez Crêpy, rue St Jacques, « au Lion d'argent », 1718.

Soixante-dix-huit cases.

Ce jeu a été recopié en 1780, sous le titre : « La Géographie universelle ou la connaissance exacte de la Mappemonde. »

Nous remarquons que Crêpy avait, en 1713, pour enseigne « à St Pierre »; en 1718, il prend pour enseigne « au Lion d'argent » et, en 1767, nous le retrouvons avec son enseigne « à St Pierre », et cependant il semble que c'est toujours le même Crepy qui a édité ces divers jeux.

Exempl. colorié. H. o^m,440. L. o^m,560.

1721.

35. — LES RÈGLES DE LA CONSTITUTION, sur l'air du Branle de Metz.

Voici le jeu qu'on appelle de la Constitution : jeu fin, dont l'invention n'est pas tout à fait nouvelle, et quy gagner y voudra, au Concile apel appelle, et quy gagner y voudra, au Concile appellera.

Au centre de la feuille se trouve le jeu, en soixante-trois cases, dont trente représentent des sujets gravés. Le n⁰ 58 figure la mort de Clément XI. Une complainte en quatorze couplets occupe les deux côtés de l'image.

Violente satire qui fustige la bulle Unigenitus.

H. o^m,445. *L.* o^m,577, *du trait carré.*

36. — LE JEU DE LA CONSTITUTION.

Copie du jeu précédent, exécutée en Hollande. Mêmes dispositions, même texte, mais avec traduction hollandaise.

Le pilastre de gauche contient seize couplets en quatre vers hollandais et le pilastre de droite quatorze couplets en huit vers français. L'explication des règles du jeu est en français et en hollandais. (Voir MULLER, Beredeneerde beschryving, *t. IV, n⁰ 3708.)*

H. o^m,453. *L.* o^m,570.

1723.

37. — HET NIEUW ENDE VEL MAKELYCK UYLENSPEEL.

T'Antwerpen, by Joannes Petrus Willemsens, boeck-drucker ende verkooper, woonende in t'Clapdorp, « in de vyf ringen ».

C'est un jeu grossièrement taillé sur bois. Willemsens imprimait à Anvers de 1723 à 1765. Il existe à la bibliothèque publique d'Anvers un catéchisme flamand, en quarante leçons, imprimé par cet imprimeur; nous n'avons pas trouvé de livres de lui imprimés avant cette époque.

Ceci est le véritable jeu national de la chouette imprimé sur papier à chandelle. Au centre, une chouette, des disques représentant des dés et une guimbarde, cet instrument de musique qu'avait jadis ressuscité feu Mattau, le maître à danser; on y rencontre également un de ces petits bonshommes sacrifiant à la nature dans la posture où Teniers représente ses paysans en temps de kermesse.

H. o^m,440. *L.* o^m,330, *du trait carré.*

1737.

38. — NOUVEAU JEU DE LA MARINE. A S. A. S. Monseigneur le duc de Penthièvre, amiral de France, gouverneur de la Bretagne, par son très humble serviteur Crépy.

Soixante-trois cases avec des petites scènes de marine et l'explication des divers termes usités dans l'art nautique. A l'angle de gauche, un port de mer ; à l'angle de droite, un fanal.

En 1737, le duc de Penthièvre succède au comte de Toulouse, en qualité d'amiral et de gouverneur de la Bretagne.

Exempl. colorié. H. 0^m,490. L. 0^m,660, du trait carré.

1745.

39. — LA RÉCRÉATION FRANÇAISE OU NOUVEAU JEU HISTORIQUE ET CHRONOLOGIQUE DES ROIS DE FRANCE.

Sous le trait carré : A Paris, chez Crepy, rue St Jacques, « à St Pierre, » près la rue de la Parcheminerie.

Jeu en soixante-six cases, dédié à Louis le Bien-Aimé, avec une légende rappelant les événements de son règne arrêté à la bataille de Fontenoy (1745). Chaque case est séparée par un ornement en forme de gaîne et renferme le médaillon d'un Roi de France.

Cette planche a été rééditée en 1775. On a gratté le médaillon et le texte de la dernière case qu'on a remplacé par les médaillons de Louis XV et de Louis XVI accolés.

H. 0^m,450. L. 0^m,580.

1767.

40. — NOUVEAU JEU DE L'HIMEN.

Il est assez ordinaire de voir traiter l'amour d'un jeu ; souvent ne cherche-t-on à former des engagements que pour occuper un quart d'heure de loisir, et ce qui ne devrait se faire qu'après de sérieuses réflections est presque toujours, malheureusement.

l'effet du caprice ou les fruits du hasard. Je me suis donc proposé dans ce jeu de tracer une peinture naïve et badine des situations où chacun aura pu se trouver.

Sous le trait carré : A Paris, chez Crepy, rue St Jacques, « à St Pierre », près la rue de la Parcheminerie, 1767.

Quatre-vingt-dix cases dessinées par une main assez inexpérimentée et représentant des sujets d'amours.

H. 0m,445. *L.* 0m,570.

41. — NOUVEAU JEU DE L'HIMEN.

Il est assez ordinaire de voir traiter l'amour d'un jeu ; souvent ne cherche-t-on à former des engagements que pour occuper un quart d'heure de loisir, et ce qui ne devrait se faire qu'après de sérieuses réflexions est presque toujours malheureusement l'effet du caprice ou les fruits du hasard. Ainsi, il semblerait que nous devrions vous présenter ce jeu sous le nom de l'amour, par le rapport qui est entre ce jeu et la bizarerie de ce dieu ; mais non, nous le mettons sous celui de l'hymen pour faire sentir qu'il doit être le but de nos inclinations, et que l'amour est toujours infructueux ou illégitime, sitôt que l'on ne consulte que le plaisir des sens, et que le mariage qui doit nous récompenser des peines qu'on souffre en aimant, n'est pas ce qui nous engage à les souffrir. Je me suis donc proposé dans ce jeu, de tracer une peinture naïve et badine des situations où chacun aura pu se trouver, et tel qui par un coup de dé passera du refus à l'attente, du bonheur et de la fidélité à la perfidie, aura peut-être dans diverses occasions éprouvé ces effets avec autant de rapidité que d'inconstance.

A Paris, chez Crépy, rue St Jacques, « à St Pierre », près la rue de la Parcheminerie.

Quatre-vingt-dix cases dont la dernière figure le palais de l'hymen.

Ce jeu n'est pas daté, mais il a de tels points de ressemblance avec le précédent que nous ne nous tromperons pas beaucoup en lui assignant la même date de publication.

H. 0m,440. *L.* 0m,553.

42. — JEU DE LA CONVERSATION.

Sous le trait carré : A Paris, chez Crepy, rue St Jacques, près la rue de la Parcheminerie, « à St Pierre », avec privilège du Roi.

Quatre-vingt-sept cases, dont la dernière figure la salle de la conversation.

C'est un entassement de préceptes et de sentences encadrés dans des bordures rocailles.

H. 0^m,445. *L.* 0^m,597.

43. — LES TRAVAUX DE MARS, OU NOUVEAU JEU DE LA GUERRE DÉDIÉ à la jeune noblesse de France.

Sous le trait carré : A Paris, chez Crepy, rue St Jacques, « à St Pierre », près la rue de la Parcheminerie, 1767.

Soixante-six cases et le tableau de dédicace au Roi ; gravure à la pointe qui n'a pas été exécutée par un artiste de premier mérite ; comme pièce historique, cette estampe est curieuse parce qu'elle nous donne la nomenclature de tous les termes usités à cette époque dans l'art de la guerre.

H. 0^m,443. *L.* 0^m,555.

44. — Le même jeu colorié.

45. — TABLEAU CHRONOLOGIQUE DE L'HISTOIRE UNIVERSELLE EN FORME DE JEU. Hommes remarquables dans l'histoire universèle (*sic*). Se vend à Paris, chez Crèpy, rue St Jacques, devant la rue du Plâtre, 1767.

Différentes cases, depuis Adam jusqu'à Louis XV. Copie d'un jeu édité par Crepy en 1715 avec l'adresse : « Au Lion d'argent »; ici Crepy supprime son enseigne et spécifie qu'il demeure en face de la rue du Plâtre.

H. 0^m,440. *L.* 0^m,570.

46. — JEU HOLLANDAIS PUBLIÉ A AMSTERDAM CHEZ ADAM MEYER.

Soixante-dix-neuf médaillons représentant des scènes histo-

riques et des personnages de l'histoire des Pays-Bas, depuis Philippe II jusqu'à Guillaume V. Le jeu ne comporte pas de titre.

H. 0^m,480. L. 0^m,683.

1768.

47. — L'HISTORIOGRAPHIE DU ROYAUME DE FRANCE, où l'on a marqué les villes capitales et les plus considérables des principaux pays des trente gouvernements généraux et des six particuliers. Où l'on a marqué les villes fortifiées, les dix-huit archevêchés, les cent onze évêchés, les vingt et une universités, les douze parlements, les onze chambres des comptes, les treize cours des aides, les trente-huit grands gouvernements militaires.

Avec une carte nouvelle du royaume de France dressée sur les observations de l'Académie.

Cent et neuf cases ; la dernière surmontée du portrait de Louis XV le Bien-Aimé, couronné de lauriers. Pas de date, pas de nom d'auteur. Mais comme en 1769 le Roi a créé un trente-neuvième gouvernement militaire, formé de la ville et citadelle d'Amiens, au profit de M. le chevalier de la Ferrière, et que cette estampe n'indique que trente-huit commandements, il est évident qu'elle ne peut être postérieure à 1769. L'âge du Roi tel que nous le montre son médaillon répond du reste à cette date.

Exempl. colorié. H. 0^m,437. L. 0^m,553.

48. — MAPPEMONDE OU CARTE GÉNÉRALE DE TOUTTE (*sic*) LA TERRE, dressée sur les observations de M^rs de l'Académie royale des sciences, mise en jeu. Ouvrage aussi utile que curieux et qui donnera une connaissance exacte du monde entier. A Paris.

Pas de mention d'éditeur ; sa ressemblance avec le jeu précédent nous autorise à lui assigner la même époque de publication.

Soixante-dix-huit cases, qui n'offrent aucune particularité remarquable.

H. 0^m,437. L. 0^m,560.

1770.

49. — LA RÉCRÉATION EUROPÉENNE, OU JEU DES PRINCES DE L'EUROPE, dédié et présenté à Nosseigneurs les Enfants de France, par leur très humble et très obéissant serviteur Moithey, ingénieur géographe. Se vend à Paris, chez Crepy, rue St Jacques, près la rue de la Parcheminerie, « à St Pierre ».

On trouvera chez le Sr Crepy, une collection de jeux adaptés à la géographie, l'histoire et à l'art militaire, et autres propres à récréer et instruire la jeunesse, avec privilège du Roi.

Soixante et une charmantes cases rondes entourées de guirlandes, de rubans, de rocailles, représentant chacune une carte de géographie. Au centre, les armes de France avec une carte de l'Europe portant la date de 1770.

H. 0^m,495. *L.* 0^m,630.

50. — LA RÉCRÉATION EUROPÉENNE.

Exempl. colorié.

51. — DIVISION GÉNÉRALE ET HISTORIQUE DE L'EUROPE, pour servir de règle au jeu de la Récréation européenne du sieur Moithey, ingénieur géographe.

Sous le trait carré : A Paris, chez Crepy, rue St Jacques, « à St Pierre », près la rue de la Parcheminerie. Avec privilège du Roi.

C'est un grand tableau formé de soixante paragraphes de texte donnant la description de tous les États de l'Europe.

Exempl. colorié. H. 0^m,476. *L.* 0^m,610.

1773.

52. — L'HISTOIRE ROMAINE DEPUIS LA FONDATION DE ROME JUSQU'A CONSTANTIN, réduite en jeu pour l'instruction de la jeunesse, par le sieur Le Maître, professeur d'histoire

et de géographie. A Paris, chez Crepy, rue Sᵗ Jacques, près la rue de la Parcheminerie, « à Sᵗ Pierre », 1773.

Sous le trait carré : Avec privilège du Roi.

Cinquante-six cases presque entièrement remplies de texte. H. 0ᵐ,530. *L.* 0ᵐ,735.

Exempl. de la Bibliothèque royale.

53. — L'HISTOIRE ROMAINE DEPUIS CONSTANTIN JUSQU'A CHARLEMAGNE, réduite en jeu pour l'instruction de la jeunesse, par le Sʳ Le Maître, professeur d'histoire, de géographie. A Paris, chez Crepy, rue Sᵗ Jacques, proche la rue de la Parcheminerie, « à Sᵗ Pierre ».

Sous le trait carré : Avec privilège du Roi.

Cinquante-trois cases dont quelques-unes ornementées de jolis attributs. H. 0ᵐ,525. *L.* 0ᵐ,730.

54. — LES ÉPINES CHANGÉES EN ROSES. Jeu nouvellement inventé pour apprendre à lire aux enfants en très peu de temps, et mis au jour par Mˡˡᵉ Duteil, qui s'en est servi avec succès avant de le donner au public.

Sous le trait carré : A Paris, chez Crepy, rue Sᵗ Jacques, « à Sᵗ Pierre », près la rue de la Parcheminerie. Avec privilège du Roi.

La soixante et onzième case figure le palais de la lecture; les autres sont formées d'animaux et d'objets servant à apprendre à lire aux enfants. Exempl. colorié. H. 0ᵐ,515. *L.* 0ᵐ,725.

55. — LE JEU DES BONS ENFANS VIVANS SANS SOUCY NI SANS CHAGRIN, où sont les intrigues de la vie, nouvellement inventé, mis au jour par les chevaliers de la Table ronde.

Au bas de la planche : A Paris, chez . . . . . , rue Sᵗ Jacques, ..., avec privilège du Roi, *et plus haut :* A Paris, chez

Jacques Chereau, rue St Jacques, « aux Deux Colonnes », n° 257.

La soixante-troisième case représente la table des bons enfants, où personne ne peut arriver, dit la loi du jeu, qu'il ne soit délivré du cocuage.
Exempl. colorié. H. 0^m,515. *L.* 0^m,355.

56. — LE NOUVEAU JEU DE LA MARAUDE. Ce jeu se joue avec un jeu de trente-deux cartes.
Sous le trait carré : A Paris, chez Crépy, rue St Jacques, « à St Pierre », près la rue de la Parcheminerie, n° 252.

Enlacement de rubans, de fleurs, de piques, trèfles, cœurs et carreaux, et à chaque angle une petite scène de mœurs.
Exempl. colorié. H. 0^m,340. *L.* 0^m,410, *du trait carré.*

1775.

57. — LA RÉCRÉATION FRANÇAISE, OU NOUVEAU JEU HISTORIQUE ET CHRONOLOGIQUE DES ROIS DE FRANCE.
Sous le trait carré : A Paris, chez Crépy, rue St Jacques, « à St Pierre », près la rue de la Parcheminerie, avec privilège du Roi.

Même texte, même disposition qu'au jeu de 1745.
La légende de la soixante-septième case, consacrée à Louis XVI, porte ces mots : Louis XVI, dit le bienfaisant, que Dieu nous conserve. *Le médaillon est surmonté d'une couronne royale.*
Soixante-six cases séparées par des gaines, comme au jeu de 1745, *dont il est une reproduction.*
H. 0^m,440. *L.* 0^m,580.

1775.

58. — NOUVEAU JEU HISTORIQUE ET CHRONOLOGIQUE DES ROIS DE FRANCE. Ce jeu est très instructif pour la jeunesse ; elle apprendra en jouant, l'histoire, la généalogie des rois

de France, les principaux événements de leur règne, leur mort
et le lieu de leur sépulture.

Sous le trait carré : A Paris, chez Crépy, rue St Jacques,
« à St Pierre », près la rue de la Parcheminerie, avec privilège
du Roi.

*Un médaillon gravé est consacré à chaque roi, et le soixante-
septième avec le portrait de Louis XVI, dit le bienfaisant,
fils de Louis dauphin de France et petit-fils de Louis XV,
sacré à Reims, le 11 juin 1775.*

*Le médaillon n'est pas couronné ; le Roi porte le grand cordon
bleu et les soixante-sept cases sont formées d'enlacements de
rocailles.*

*Ce jeu est une copie du jeu de la récréation française
de 1745, et de celui de 1775.*

Exempl. colorié. H. 0^m,450. *L.* 0^m,570.

59. — TABLEAU CHRONOLOGIQUE ET HISTORIQUE des
principeaux événements arrivés en France depuis l'établissement de la monarchie jusqu'à présent, dressé en forme de jeu.

— Histoire chronologique des rois de France depuis le roi
Pharamond jusqu'au roi Louis XV, dressé en forme de jeu,
1775.

Se vend à Paris, chez Crépy, rue St Jacques, avec privilège
du Roi.

*Au centre, soixante-six petits médaillons-portraits en camées
des Rois de France, avec un texte relatant les principaux
événements de leur règne et finissant à Louis XVI.*

*Une double bordure de cent deux cases rappelle les hauts
faits des souverains.*

H. 0^m,440. *L.* 0^m,560.

60. — LE JEU DE L'OYE, RENOUVELLÉ DES GRECS.
Sous le trait carré : A Paris, chez J. Chéreau, rue St Jacques,
près la fontaine St Severin, n° 257. Il tient magasin de papiers
en rouleaux en gros pour tenture.

Soixante-trois cases, reproduisant les gravures légendaires du jeu; aux angles, des fables et des préceptes de morale versifiés.

Exempl. colorié. H. 0^m,375. *L.* 0^m,465.

61. — LE JEU DE LA CHOUETTE, amusant et récréatif et très facile à jouer comme il est expliqué ci-dessous.

Sous le trait carré : A Paris, chez Basset, marchand d'estampes et fabricant de papiers peints, rue St Jacques, au coin de celle des Mathurins, n° 64.

Le titre est gravé sur un voile développé par deux amours. Au centre, une chouette, deux disques de dés et deux disques formés d'objets usuels de la vie. Basset n'a pas craint d'offenser la pudeur des Parisiens en y reproduisant le bonhomme caractéristique des jeux flamands.

Exempl. colorié. H. 0^m,550. *L.* 0^m,430.

62. — LE JEU DE LA CHOUETTE, amusant et récréatif, très facile à jouer suivant qu'il est indiqué ci-dessous.

Pas de nom d'éditeur.

Au centre, un amas de pièces d'argent, deux disques de dés et deux disques de figurines.

Le petit bonhomme flamand y figure. Aux angles, quatre couplets de Roger Bontemps, *à chanter sur l'air de* Mon petit cœur.

Exempl. colorié. H. 0^m,475. *L.* 0^m,360.

63. — RÈGLE DU JEU DES JUIFS.

Pour le jeu des Juifs, il faut deux dez et un carton divisé en onze cases, depuis 2 jusqu'à 12.

Les cases représentent chacune une fleur, et le centre, un juif assis, le cornet à la main. Aux angles, quatre couplets de la romance d'Alexis et Justine.

Exempl. colorié. H. 0^m,385. *L.* 0^m,363.

1779.

64. — LE NOUVEAU JEU DES CRIS DE PARIS. Dédié aux

amateurs. Avertissement : l'on trouvera chez le même marchand un assortiment des jeux d'histoires géographiques, pour l'instruction de la jeunesse et autres jeux récréatif (*sic*) et amusant dont le catalogue se distribue gratis.

Charmant jeu, très finement gravé, contenant quarante-quatre cases, dont chacune est une scène mouvementée où les personnages sont revêtus du costume de l'époque. Il est curieux pour l'étude des cris populaires des rues : les cris de Paris ont de tout temps et à toute époque été reproduits par la gravure, et il est amusant d'étudier les transformations que la mode, les usages et les perfectionnements de l'industrie ont fait subir au commerce de la rue. Les artistes, à cette époque, avaient un grand talent pour l'enluminure des estampes, et le mélange des couleurs donne à cette pièce un reflet chatoyant qui excite l'intérêt et la curiosité.

A l'un des coins est une scène de la fameuse pièce des Battus qui paient l'amende, où Volenges dans le rôle de Jeannot fit courir tout Paris pendant l'année 1779. Les autres coins sont occupés par une scène de parade, le jeu de la bague et de la balance royale.

Le nom de l'éditeur a été coupé.

Exempl. colorié. H. 0^m,475. L. 0^m,665, du trait carré.

1780.

65. — JEU D'HOROSCOPE.

Sous le trait carré : A Paris, chez Crépy, rue St Jacques, « St Pierre », près la rue de la Parcheminerie, 1780. Gravé par Picard. L'on trouve chez tous les marchands d'estampes une collection de jeux pour l'instruction de la jeunesse tant historique et géographique que récréatif et amusant.

Le jeu est divisé en trois tables, de couleurs différentes contenant des billets d'horoscope. Il y a des demandes et des réponses. On demande notamment : si le soupçon est juste : si la fille est pour le couvent; si le mari est fidèle; s'il est coiffé de cornes. Il y a d'étranges réponses :

> *Celui pour qui tu veux savoir,*
> *Si la femme conserve une flâme fidèle,*
> *N'a pour voir d'un cocu le plus parfait modèle,*
> *Qu'à regarder dans un miroir.*

Exempl. colorié. H. 0^m,495. *L.* 0^m,645.

66. — LA GÉOGRAPHIE UNIVERSELLE, OU LA CONNAIS-SANCE EXACTE DE LA MAPPEMONDE mise en jeu ; ouvrage aussi utile que curieux, par le sieur Monthey, ingénieur-géographe du Roi, 1780.

Sous le trait carré : A Paris, chez Crepy, rue St Jacques, « à St Pierre », près la rue de la Parcheminerie.

Soixante-dix-huit cases et au-dessus les deux hémisphères.

Ce jeu est la copie d'un jeu de 1718, intitulé : Nouvelle méthode de géographie ou voyage du monde par les villes les plus considérables de la terre.

H. 0^m,435. *L.* 0^m,550.

67. — L'ÉMULATION FRANÇAISE ou description historiographique du royaume de France, jeu aussi utile que curieux, par M. Moithey, ingénieur-géographe du Roi et professeur de mathématiques de MM. les pages de Leurs Altesses Sérénissimes Monseigneur et Madame la princesse de Conty.

Sous le trait carré : A Paris, chez Crepy, rue St Jacques, « à St Pierre », près la rue de la Parcheminerie, avec privilège du Roi.

Cent neuf cases terminées par le buste en camée de Louis le Bienfaisant, Roi de France et de Navarre.

Au centre, la carte de France, datée de 1780.

Le texte reproduit un jeu de 1718, intitulé : Nouvelle méthode de géographie.

Exempl. colorié. H. 0^m,445. *L.* 0^m,565.

1783.

68. — LE NOUVEAU JEU DES VARIÉTÉS AMUSANTES.
Depuis qu'un fameux personnage qu'avec justice on a remarqué
dans plus d'un endroit, pour son rare talent et sa subtile
adresse à bien imiter les fripons ainsi que les honnêtes gens, a
fait oublier à beaucoup de monde les plus habiles auteurs, et
les meilleures pièces, en faisant triompher sur leurs débris des
variétés amusantes, on n'avait point encore imaginé d'allégorie
sur sa victoire surprenante et admirable à tous égards. Vallet
scrip.

Sous le trait carré : A Paris, chez Crepy, rue St Jacques,
« à St Pierre », près la rue de la Parcheminerie.

*Soixante-quatre cases qui sont une revue des principales
pièces de l'époque, avec les acteurs en costume : on y rencontre
Gilles Ravisseur, dans la parodie de Thomas Hales de* 1781 *;
Volenges, dans le rôle de Jeannot des* Battus qui paient l'amende,
en 1779; *la chanson de* Malbrouk, *si populaire en* 1781, *à la
naissance du Dauphin et mise en pièce à l'Ambigu comique,
en* 1783, *par Arnould Mussot; la comédie-parade des* Trois
Aveugles *de Goullinet, en* 1783; *plusieurs pièces du répertoire
du théâtre des Variétés amusantes, qui est devenu le Théâtre
Français actuel; et le héros de ce jeu d'oie, l'abbé Miolan,
renvoyé de France, en* 1785, *par le Gouvernement, en suite
d'une décision de l'Académie des sciences sur ses jongleries à
propos du mesmérisme et de ses spéculations sur les ballons.
On y retrouve aussi le portrait de M. Noirot, dans* les Fausses
Consultations, *comédie-proverbe de Desbuissons, jouée en* 1779.

*Quoique privé de date, chacune des cases de ce jeu dénote
l'époque de sa publication.*

Exempl. colorié. H. 0^m,500. *L.* 0^m,695.

1784.

69. — VADERLANDSCH HISTORIESPEL.

Sous le trait carré : A. Bendorp delin. et sculp. H. Keyzer en W. Vermandel excud.

Quatre-vingts portraits et scènes historiques de l'histoire des Pays-Bas.
H. 0ᵐ,507. L. 0ᵐ,610.

70. BERICHT DES NEVEN GANSE SPIELS.
Joh. Andrae Endterisch Handlung in Nürnberg.

Jeu allemand, grossièrement gravé sur bois.
Soixante-trois cases et une scène d'intérieur à chaque angle.
Exempl. colorié. H. 0ᵐ,245. L. 0ᵐ,310, du trait carré.

1785.

71. FIURKER BERICHT DIESES GANS SPIEL.
Joh. Troutner exc., nov. 1785.

Jeu allemand, grossièrement gravé sur bois.
La soixante-troisième et dernière case représente un ermite qui sermonne un jeune gars et une femme ; dans les angles du haut, le ballon de 1782 et, au bas, des costumes de l'époque.
Exempl. colorié. H. 0ᵐ,304. L. 0ᵐ,300.

1786.

72. — JEU POLONAIS, à Orléans, chez Letourmi.

C'est le vulgaire jeu de dames à cases blanches et noires.
Letourmi avait à Orléans une grande vogue comme fabricant de papiers peints et enluminés : il mettait son nom sur ses fabricats, qui s'exportaient jusqu'en Suisse et en Hollande. Une masse de livres édités en 1786 sont revêtus d'un papier colorié portant à l'un des coins le nom de Letourmi, à Orléans.
H. 0ᵐ,430. L. 0ᵐ,335, du trait carré.

73. — HET VADERLANDSCH WERP SPEL. J. Voorman inv. F. Oortman sc. ; the Amsterdam, by S. Verlem, 1786.

Vingt petits médaillons, assez grossièrement gravés, enlacés de rubans et de feuillage, autour d'une décoration d'intérieur hollandais.

Exempl. colorié. H. 0^m,515. L. 0^m,346, du trait carré.

74. — LE NOUVEAU JEU DU COSTUME ET DES COEFFURES DES DAMES, DÉDIÉ AU BEAU SEXE. La beauté fait toujours voler à la victoire, c'est le désir qu'on peut donner au jeu que nous présentons au public : et dans lequel on a joint les costumes et les coeffures les plus à la mode.

Sous le trait carré : A Paris, chez Crepy, rue St Jacques, « à St Pierre », près la rue de la Parcheminerie.

Soixante-trois cases, renfermant de charmantes petites femmes, soit en pied pour exhiber leur toilette, soit en buste pour faire montre de leur coiffure.

Une particularité très intéressante de ce jeu, c'est qu'il contient le portrait de Marie-Antoinette, ou plutôt quatre scènes dont elle est l'héroïne : d'abord, à gauche, dans le coin, une femme s'habille pour la chasse, entourée de deux soubrettes dont l'une lui passe l'épée ; à droite, elle courre le cerf flamberge au vent ; en haut, elle est assise sur l'herbe, pendant que les veneurs lui apportent la tête du cerf et, dans la dernière scène, nous voyons la Reine assise, en grand habit de Cour, sur le trône de France (les armoiries et la couronne royale sur le dais), entourée des dames et des seigneurs de la Cour, en grande toilette, pendant que le capitaine des chasses lui présente les chiens de la meute.

Ce jeu forme avec celui des cris de Paris et celui des variétés amusantes les trois pièces les plus belles et les plus amusantes de cette étrange collection.

H. 0^m,540. L. 0^m,755.

75. — LA MASCARADE, Nᵒ 2 perd 2 jettons.
Le Siam, nᵒ 3, gagne 1 jetton.
L'escarpolette, nᵒ 7, gagne 4 jettons.
Le cochonnet, nᵒ 10, perd 3 jettons.

La crosse, n⁰ 11, gagne 1 jetton.
Les patins, n⁰ 12, gagne tout.

C'est un débris de jeu d'oie, représentant de charmantes et gracieuses scènes et des costumes datant de l'époque des hautes coiffures.

Exempl. colorié. Chaque scène mesure : H. 0ᵐ,155. L. 0ᵐ,158.

76. — JEU DES ANTIQUES.
Sous le trait carré : A Paris, chez Jean, rue Sᵗ Jean de Beauvais, n⁰ 10.

Soixante-trois cases, représentant des statues, des camées, des grands hommes de l'antiquité, gravés et coloriés.
Aux quatre coins, des descriptions mythologiques.
La case n⁰ 4 représente la Vénus callypige.
Exempl. colorié. H. 0ᵐ,440. L. 0ᵐ,570.

77. NOUVEAU JEU D'HISTOIRE NATURELLE. — Dédié à la jeunesse.
Sous le trait carré : A Paris, chez Jean, rue Sᵗ Jean de Beauvais, n⁰ 10.

Soixante-trois cases, représentant les principaux animaux de la création, gravés et coloriés : un vrai jardin ҙoologique.
Exempl. colorié. H. 0ᵐ,420. L. 0ᵐ,485.

1791.

78. — JEU DE LA RÉVOLUTION FRANÇAISE.
Sous le trait carré : Se trouve à Paris, rue des Mathurins, n⁰ 18, et chez les marchands de nouveautés de Paris, et en province, chez les libraires et marchands d'estampes.

Le plus curieux et le plus rare des jeux d'oie inspirés par la Révolution française.
Aux angles, des emblèmes militaires. Soixante-trois cases formant l'histoire politique de la Révolution, depuis la prise de ҙa Bastille jusqu'à la promulgation de la Constitution. Très

intéressant pour les costumes. Le cartouche qui couronne la séance de l'Assemblée porte ces mots : Le bonheur de la France est signé le 14 septembre 1791, par Louis XVI, premier Roi constitutionnel des Français.

H. 0^m,530. *L.* 0^m,730.

79. — JEU DE LA RÉVOLUTION FRANÇAISE ; TRACÉ SUR LE PLAN DU JEU D'OYE RENOUVELLÉ DES GRECS.

On y rencontre successivement la prise de la Bastille ; le don patriotique des dames françaises ; l'abolition des droits féodaux ; la visite des femmes de la halle à Versailles les 5-6 octobre ; la suppression des moines, de la noblesse ; la fédération du 14 juillet 1790 ; les citoyens actifs, et la soixante-troisième case représente l'intérieur de l'Assemblée nationale.

Aux quatre coins, les refrains de la fameuse chanson du Ça ira, inaugurée à la fête de la fédération.

D'un format plus petit que le précédent et gravé par une main moins habile, ce jeu visait la clientèle populaire.

Aucun nom d'éditeur.

Exempl. colorié. H. 0^m,370. *L.* 0^m,518.

1792.

80. LES DÉLASSEMENTS DU PÈRE GÉRARD, OU LA POULE DE HENRI IV MISE AU POT EN 1792. JEU NATIONAL.

Publish in London, 3 January, at M. Smith, n° 17, Gerard street, Soho.

Au haut, les portraits d'Henri IV et de Michel Gerard, cultivateur.

Une chaîne, dont le quatre-vingt-troisième anneau est attaché à la Constitution, figurée par une corne d'abondance.

Une longue colonne, à droite, sert à faire l'apologie de la Révolution et à vanter les bienfaits de la nouvelle Constitution.

Exempl. colorié. H. 0^m,433. *L.* 0^m,555.

81. — LA NOUVELLE CONSTITUTION, POULE DE HENRI IV.

Les anneaux d'une chaîne, formant quatre-vingt-trois numéros, accrochés à la nouvelle Constitution, figurée par une corne d'abondance.
C'est une copie libre du jeu précédent.
H. 0ᵐ,233. L. 0ᵐ,350.

82. — JEU DES EXERCICES MILITAIRES DE L'INFANTERIE FRANÇAISE et des manœuvres du canon, présenté au comité militaire, à celui d'instruction et à l'Assemblée nationale.

A Paris, chez Basset, marchand d'estampes et fabricant de papiers en rouleaux, rue Sᵗ Jacques, au coin de celle des Mathurins, « à l'image Sᵗᵉ Geneviève ».
Sous le trait carré : Se trouve à Montpellier, chez Fontanel, libraire et marchand d'estampes, rue du Cardinal.

Soixante-trois cases : la dernière, intitulée : Récompense militaire, représente la croix de Saint-Louis. Le coloriste lui a donné un ruban tricolore. Chaque case représente des soldats coiffés du tricorne, pantalon collant et guêtres.
En 1804, on a gratté la planche et l'ordre de Saint-Louis a fait place à un général qui décore un soldat de l'ordre de la Légion d'honneur.
Exempl. colorié. H. 0ᵐ,525. L. 0ᵐ,735.

83. — JEU DE L'AMOUR ET DE L'HIMÉNÉE.

Pas de nom d'éditeur, mais, au haut, un faisceau républicain qui dénote l'époque de la publication de cette estampe. La main qui l'a gravée décèle un talent et une finesse qu'on ne rencontre pas ordinairement dans les jeux d'oie. La quatre-vingtième et dernière case notamment, représentant la statue de l'hyménée, est gracieusement dessinée. Quatre jolies bergerettes ornent les coins du jeu.
Exempl. colorié. H. 0ᵐ,405. L. 0ᵐ,475.

1800.

84. — LA PIROUETTE INSTRUCTIVE, contenant les jeux de lettres, de mots, de pair-impair et des symboles, pour amuser utilement la jeunesse pendant les récréations pluvieuses et sédentaires.

A Paris, chez Basset, rue St Jacques, no 64.

C'est une espèce de jeu d'écolier, avec des combinaisons de lettres. L'une des petites gravures vise l'expédition d'Égypte. H. 0^{m},490. L. 0^{m},460.

Coll. de la Bibliothèque royale de Bruxelles.

1804.

85. — JEU DES EXERCICES MILITAIRES DE L'INFANTERIE FRANÇAISE ET DES MANŒUVRES DU CANON. Dédié à la jeunesse.

A Paris, chez Basset, marchand d'estampes et fabricant de papiers en rouleaux, rue St Jacques, au coin de celle des Mathurins, « à l'image Ste Geneviève ».

Sous le trait carré : Se trouve à Montpellier, chez Fontanel, libraire et marchand d'estampes, rue du Cardinal.

Soixante-trois cases, où l'on décrit toutes les manœuvres des troupes d'infanterie et d'artillerie. Les costumes sont ceux de la République, et la dernière case représente un général qui décore un simple troupier de l'ordre de la Légion d'honneur.

C'est la planche du même jeu édité en 1791, avec une dédicace à l'Assemblée nationale. La soixante-troisième case, qui figurait la croix de Saint-Louis, a été grattée et remplacée par la croix de la Légion d'honneur décernée à un grenadier.

Exempl. colorié. H. 0^{m},525. L. 0^{m},735.

86. — HET NIEUW EN VERMAEKELYK ULENSPEEL. Men vindse te koop t' Antwerpen, by Cornelius Parys, Boek-drukker ende boek-verkooper, op de Lombaerde vest.

Corneille Parys a édité à Anvers, en 1804, plusieurs ouvrages, entre autres : Het leven en het Martelie van de H. maegd Lucia, *un vol. in-12.*

Véritable jeu populaire, gravé grossièrement sur bois et imprimé sur papier à chandelle. Aux quatre angles, des scènes flamandes.

C'est la planche qui a servi, en 1723, à J.-P. Willemsens; la souscription en caractères mobiles et le nom de l'éditeur ont seuls été changés. Willemsens ayant cessé d'imprimer vers 1765, son fonds sera tombé aux mains de Parys, et il est curieux de retrouver la même planche, utilisée encore après quarante années de services, ce qui prouve que les goûts populaires sont longtemps restés stationnaires à Anvers et que le jeu de la chouette est un jeu réellement national.

H. o^m,365. L. o^m,335.

87. — DEN HOYTE VERKLARING VAN DE OYDE.
By den drukker dezes J. Hendriksen.

Cet imprimeur travaillait à Amsterdam. Au centre de ce jeu, gravé sur bois, se trouve une chouette entourée de dés et de deux cercles retraçant les figures habituelles du jeu flamand de la chouette.

H. o^m,425. L. o^m,360.

1805.

88. — NOUVEAU JEU DES CRIS DE PARIS. Dédié aux amateurs. A Paris, chez Jean, rue St Jean de Beauvais, n° 10.

Quarante-quatre cases. — Les costumes, et surtout ceux des petites scènes gravées dans les angles du jeu, sont au type de l'Empire.

En général, les jeux des cris de Paris sont les mieux faits et les plus attrayants, parce que ce sont les plus mouvementés et ceux où l'on rencontre les situations les plus opposées. — Il est très curieux de comparer les divers jeux des cris de Paris, aux différentes époques de leur publication.

La quarante-quatrième case représente l'Aveugle du Bonheur, tirant un numéro à la loterie.

L'Aveugle du Bonheur se nommait Philippe-François Bellanger ; il fut exécuté à Paris le 9 messidor an XIII. C'était un tailleur devenu aveugle, reçu à l'hospice des Quinze-Vingts et qui débitait des numéros de loterie. Il parcourait les rues avec une femme nommée Fanchette, sur un char traîné par un certain Pinson et entouré de musiciens. Pinson ayant épousé Fanchette, la maîtresse de Bellanger, celui-ci composa une machine infernale pour tuer Pinson et Fanchette. Les crieurs publics débitèrent à cette époque un grand nombre de canards recommandant les numéros de loterie proposés par l'Aveugle du Bonheur avant son exécution.

H. 0^m,480. *L.* 0^m,580.

Le même jeu colorié.

89. — NOUVEAU JEU IMPÉRIAL DE L'AIGLE.
Sous le trait carré : A Paris, chez Jean, rue St Jean de Beauvais, n° 10.

C'est le jeu primitif de la chouette, qui est remplacée dans le dessin par l'aigle impériale, et était destiné à charmer les loisirs des vieux grognards.

Exempl. colorié. H. 0^m,540. *L.* 0^m,450.

90. — RÈGLE DU JEU DE LA GUERRE.
A Paris, chez Jean, marchand d'estampes, rue St Jean de Beauvais, n° 10.

Ce jeu est formé par un cercle qui n'a que douze cases. Au milieu, un magnifique hussard en dolman rouge. L'aigle impériale, aux ailes déployées, couronne la gravure.

Ce jeu rappelle les dispositions du jeu des Juifs, édité avant la Révolution française : les emblèmes guerriers y dominent ; c'est du chauvinisme à haute détente, à l'usage des vieux généraux mis à la retraite.

Exempl. colorié. H. 0^m,575. *L.* 0^m,377.

1808.

91. — NOUVEAU JEU MILITAIRE, dédié aux héros de l'Empire français.

A Paris, chez Jean, marchand d'estampes, rue St Jean de Beauvais, n° 10.

Soixante-cinq cases, dont la dernière représente la décoration de la Légion d'honneur.

Curieux pour les costumes, les uniformes et la tactique militaire de cette époque. On y retrouve la mention des campagnes d'Allemagne, d'Italie et d'Espagne, qui sont retracées aux quatre angles.

Exempl. colorié. H. 0^m,455. *L.* 0^m,600.

92. — NOUVEAU JEU BRUYANT des cris de Paris, de ses faubourgs et environs.

Sous le trait carré : A Paris, chez Basset, rue St Jacques, n° 64.

Déposé à la bibliothèque impériale.

Quarante-trois cases, toutes consacrées aux crieurs des rues : la quarante-troisième représente le marchand d'aiguilles pour les femmes et les filles; aux quatre angles, des scènes de guinguette et des décorations de fêtes populaires. — Le vin, à cette époque, n'était pas moins cher qu'aujourd'hui, car le crieur colportait l'excellent vin de Bourgogne, qui rougit la trogne, à huit sous le litre.

H. 0^m,480. *L.* 0^m,600.

1809.

93. — JEU DES GUERRIERS FRANÇAIS FAVORIS DE LA VICTOIRE.

Sous le trait carré : A Paris, chez Basset, marchand d'estampes, rue St Jacques, n° 64.

Soixante-trois cases, représentant des costumes militaires,

des exercices, maniements d'armes, scènes de guerre et, aux
angles, quatre scènes à la gloire de l'Empereur et finissant par
la signature de la paix avec l'Autriche, le 14 octobre 1809.
H. 0^m,440. *L.* 0^m,560, *du trait carré.*

94. — RÈGLES DU GRAND JEU DE LA GÉNÈSE. Gloire à
Dieu, etc.
Sous le trait carré : A Paris, chez Basset, marchand d'es-
tampes, rue St Jacques, au coin de celle des Mathurins, n° 64.
Déposé à la bibliothèque impériale.

Soixante-trois cases, dont la dernière figure la Génèse.
Chaque case représente une scène de l'Ancien Testament. Aux
angles, la création du monde, Noé et Loth.
H. 0^m,505. *L.* 0^m,660.

95. — JEU DES FABLES D'ÉSOPE.
Sous le trait carré : A Paris, chez Basset, rue St Jacques,
n° 64. Déposé à la bibliothèque impériale.

Soixante-trois cases, représentant des sujets de fables; les
costumes des personnages sont du type empire le plus pur.
H. 0^m,445. *L.* 0^m,585.

96. — JEU INSTRUCTIF DES FABLES DE LAFONTAINE.
Sous le trait carré : A Paris, chez Basset, marchand d'estampes et fabricant de papiers peints, rue St Jacques, au coin de
celle des Mathurins, n° 64.

Le buste de la Fontaine forme la soixante-troisième case.
La figure d'Ésope qui est gravée sur le piédestal est incon-
testablement du même burin que celui qui a tracé le jeu des
fables d'Ésope.
H. 0^m,470. *L.* 0^m,597.

97. — RÈGLES INVARIABLES DU JEU MITHOLOGIQUE DU
PHÉNIX.

Sous le trait carré : A Paris, chez Basset, marchand d'estampes, rue St Jacques, n° 64. Déposé à la bibliothèque impériale.

Soixante-trois cases, représentant des scènes mythologiques, gravées par un très habile artiste.
H. o^m,495. *L.* o^m,585.

98. — JEU DU CHEVAL PÉGASE, DÉDIÉ AUX FAVORIS D'APOLLON.

Sous le trait carré : A Paris, chez Basset, marchand d'estampes, rue St Jacques, n° 64. Déposé à la bibliothèque impériale.

C'est un jeu de forme ovale, représentant les Muses avec leurs attributs. Au bas, dans les angles, Midas et Marsias.
H. o^m,515. *L.* o^m,380.

    Coll. de la Bibliothèque royale de Bruxelles.

99. — JEU AGRÉABLE ET RÉCRÉATIF DES AMOURS.

Sous le trait carré : A Paris, chez Basset, marchand d'estampes, rue St Jacques, au coin de celle des Mathurins, n° 64. Déposé à la bibliothèque impériale.

Soixante-trois petites scènes d'amour : un vrai souvenir du XVIIIe siècle. On y trouve l'Amour qui saisit l'Occasion, un petit enfant qui entraîne une femme par les cheveux; le pont des amours, qui vous fait tomber à l'eau; le tourment d'amour, représenté par un vautour qui dévore les entrailles d'un adolescent; l'amour quêteur, déguisé en pèlerin, qui sonne à l'hôtellerie de Vénus; et puis l'amour qui s'en va lentement, avec une jambe de bois; enfin l'amour emprisonné dans un cœur.
H. o^m,497. *L.* o^m,575.

100. — JEU DES ÉCOLIERS.

Sous le trait carré : A Paris, chez Jean, rue St Jean de Beauvais, n° 10.

Quarante-quatre cases, dont la dernière figure une distri-

*bution de prix à grand orchestre. Tous les jeux et les exer-
cices du plus beau temps de la vie sont ici représentés en
figures.*

H. o^m,5o5. L. o^m,57o.

1812.

101. — RÈGLES DU JEU DE BILLARD, AN 1812.

Se vend à Paris, chez Basset, marchand d'estampes et de
cartes géographiques, rue St Jacques, n° 64; de l'imprimerie
de Richomme, rue St Jacques, n° 67.

*Vaste tableau qui figurait probablement dans les grands
cafés du Palais-Royal sous l'empire.*

H. o^m,53o. L. o^m,4o3, *du trait carré.*

102. — RÈGLE DU JEU DE LA FORTUNE.

A Paris, chez Basset, rue St Jacques, n° 64. Déposé à la
direction de la librairie.

*Soixante-trois cases. Aucunes prétentions politiques. Petites
scènes d'intérieur et d'amour : le mari complaisant; le vieux
mari trompé; le puits d'amour ou la cruche cassée; la fin d'un
joueur, qui se brûle la cervelle.*

H. o^m,44o. L. o^m,56o.

103. — JEU DES FORTIFICATIONS OU DE LA GUERRE.

Sous le trait carré : A Paris, chez Basset, marchand d'estampes, rue St Jacques, n° 64. Déposé à la direction générale
de l'imprimerie et de la librairie.

*Soixante-trois cases, dont la dernière figure le plan de Metz,
couronné de l'aigle impériale et du chiffre de l'Empereur.*

*C'est la figuration de tous les ouvrages de fortifications
entremêlés de scènes militaires.*

H. o^m,516. L. o^m,655.

104. — LE GRAND JEU DES DANSEURS DE CORDE,
SAUTEURS ET VOLTIGEURS.

Sous le trait carré : A Paris, chez Basset, marchand d'estampes, rue St Jacques, au coin de celle des Mathurins, n° 64. Déposé à la direction générale de l'imprimerie et de la librairie.

Soixante-trois cases, représentant des exercices d'acrobates. Rien de politique.
H. 0^m,490. *L.* 0^m,625.

1814.

105. — JEU DES COSAQUES.
Sous le trait carré : A Paris, chez Jean, rue St Jean de Beauvais, n° 10.

La soixante-troisième et dernière case reproduit le camp des Cosaques aux Champs-Élysées, tel qu'il était le 31 mars 1814, Les autres cases représentent les différents uniformes des Cosaques, leurs mœurs et leur tactique de guerre ; aux angles, des vues de Moscou.
H. 0^m,450. *L.* 0^m,610, *du trait carré.*

106. — NOUVEAU JEU HISTORIQUE ET CHRONOLOGIQUE DE LA MONARCHIE FRANÇAISE.
Sous le trait carré : A Paris, chez Basset, marchand d'estampes, rue St Jacques, n° 64. Déposé au bureau des estampes.

La soixante-troisième case, surmontée de l'écusson aux fleurs de lis, représente l'entrée de Louis XVIII à Paris, le 3 mai 1814. Chaque case, depuis la première, consacrée à Clovis, reproduit le médaillon d'un roi de France et en-dessous un épisode de son règne. La soixante-deuxième nous donne Louis XVI au Temple ; la soixante-troisième et dernière, Louis XVIII, l'empereur Napoléon n'ayant jamais existé.

Cette estampe est une pièce historique des plus curieuses ; c'est l'histoire apprise aux enfants d'après la méthode du père Loriquet.
H. 0^m,500. *L.* 0^m,650.

107. — JEU INSTRUCTIF DES FLEURS.

Sous le trait carré : A Paris, chez Basset, rue St Jacques, n° 64. Déposé au bureau des estampes.

Ce jeu innocent des fleurs, qu'on dirait destiné à un pension-nat de jeunes filles, représente dans chaque case une fleur : la rose, la violette, la giroflée. La soixante-troisième et dernière figure le lis blanc, symbole de la vertu, surmonté d'une couronne avec cet exergue : Gloire au lys.

H. 0^m,490. *L.* 0^m,665.

108. — Jeu familier de la civilité, pour l'instruc-tion des enfans, dédié a la jeunesse studieuse.

Sous le trait carré : A Paris, chez Basset, rue St Jacques, n° 64. Déposé au bureau des estampes.

Espèce de manuel de la civilité chrétienne : ce sont des sen-tences gravées en action dans le genre de celle-ci : Ne mettez pas votre chapeau sur le coin de l'oreille, ni trop en devant. *La soixante-troisième et dernière case reproduit cette maxime:* Ayez pour devise et règle de toutes vos actions : Dieu, le Roi, la Patrie; *et la soixante et unième :* Il est incivil de souffler sur sa soupe; il faut la laisser refroidir.

H. 0^m,506. *L.* 0^m,670.

109. — Nouveau jeu du renard.

A Paris, chez Basset, marchand d'estampes, rue St Jacques, n° 64.

Déposé au bureau des estampes.

C'est un renard qui guette des poules. Ce jeu devait se jouer à deux, avec des jetons au nombre de treize placés dans la partie basse, le renard occupant le haut, avec facilité de se mouvoir en tous sens, comme dans la partie du jeu de dames français qui se joue sur un damier.

H. 0^m,510. *L.* 0^m,390.

110. — Jeu instructif d'histoire naturelle des animaux.

Sous le trait carré : A Paris, chez Basset, rue St Jacques, n° 64. Déposé au bureau des estampes.

Espèce de revue d'un jardin zoologique en soixante-trois dessins d'animaux.
H. o^m,485. *L.* o^m,65o.

111. — JEU INSTRUCTIF DES MERVEILLES DE LA NATURE ET DE L'ART.
Sous le trait carré : A Paris, chez Basset, rue St Jacques, n° 64. Déposé au bureau des estampes.

Soixante-trois cases, formées de vues de monuments, de constructions remarquables et de grottes naturelles. Jeu à utiliser dans une assemblée de vieilles filles.
H. o^m,48o. *L.* o^m,64o.

112. — LE NOUVEAU JEU DE LA MARINE ROYALE.
L'objet du jeu de la marine est d'instruire, en amusant, de tous les termes marins ; on y a joint un vaisseau du premier rang portant pavillon d'amiral, avec les noms de toutes les parties qui composent ledit vaisseau.
Sous le trait carré : A Paris, chez Basset, marchand d'estampes, rue St Jacques, n° 64.

Soixante-trois cases toutes formées de petits navires. Aux angles du bas, le départ et le retour du marin.
H. o^m,39o. *L.* o^m,52o.

113. — JEU DU NOUVEAU TESTAMENT, contenant la vie et la passion de N. S. Jésus-Christ.
Sous le trait carré : A Paris, chez Basset, rue St Jacques, n° 64. Déposé au bureau des estampes.

Soixante-trois cases, suite de scènes religieuses. Probablement à l'usage de séminaristes en vacances.
H. o^m,485. *L.* o^m,64o.

114. — JEU DE L'HISTOIRE SAINTE, DEPUIS LA NAIS-
SANCE DE MOISE JUSQU'A SA MORT.

Sous le trait carré : A Paris, chez Basset, rue St Jacques,
nº 64. Déposé.

*Soixante-trois cases, reproduisant chacune, en gravure, un
événement des livres saints.*
H. 0ᵐ,495. *L.* 0ᵐ,650.

115. — LE JEU UNIVERSEL DE L'INDUSTRIE HUMAINE.
Sous le trait carré : A Paris, chez Basset, rue St Jacques,
nº 64. Déposé au bureau des estampes.

*Soixante-trois cases consacrées aux arts et aux diverses
industries et métiers nécessaires à l'existence.*
H. 0ᵐ,510. *L.* 0ᵐ,670.

116. — GRAND JEU DE L'HISTOIRE DE ROME, DEPUIS
SA FONDATION JUSQU'A César Auguste, 2ᵉ EMPEREUR.
Sous le trait carré : A Paris, chez Basset, rue St Jacques,
nº 64. Déposé au bureau des estampes.

Soixante-trois sujets, dont le dernier est l'apothéose d'Auguste.
H. 0ᵐ,510. *L.* 0ᵐ,680.

117. — GRAND JEU DE L'HISTOIRE ANCIENNE DE LA
GRÈCE.
Sous le trait carré : A Paris, chez Basset, rue St Jacques,
nº 64. Déposé au bureau des estampes.

*Soixante-trois cases, consacrées aux plus grands événements
historiques et politiques de la Grèce ancienne.*
H. 0ᵐ,495. *L.* 0ᵐ,680.

118. — JEU ROYAL DE LA VIE D'HENRI IV.

Sous le trait carré : A Paris, chez Basset, rue St Jacques,
nº 64. Déposé au bureau des estampes.

Aux quatre coins, des scènes tirées de la Partie de chasse où l'on voit Henri IV et le fermier Michaud. Soixante-trois cases, dédiées la plupart aux principaux actes de la vie du Béarnais. On y trouve les portraits de Louis XVI, de Marie-Antoinette, de Louis XVII, de Louis XVIII et de son frère le comte d'Artois.

La case consacrée à Louis XVI et à Marie-Antoinette porte cette mention : Mort le 21 janvier 1793. — Morte le 16 octobre 1793. *La Restauration ne voulait pas convenir que le Roi eût été guillotiné ; cette atteinte au principe de la royauté était inadmissible.*

H. 0^m,490. L. 0^m,635.

119. — JEU INSTRUCTIF DES PEUPLES ET COSTUMES DES QUATRE PARTIES DU MONDE ET DES TERRES AUSTRALES.

Sous le trait carré : A Paris, chez Basset, marchand d'estampes, rue St Jacques, au coin de celle des Mathurins, n° 64. Déposé à la direction générale de la librairie et de l'imprimerie.

La soixante-troisième et dernière case représente un grenadier portant les armes à la statue d'Henri IV, et au-dessus : Vive Henri IV ! Vive ce Roi vaillant !

H. 0^m,495. L. 0^m,650.

120. — JEU DU VOYAGEUR EN EUROPE, représentant les vues des plus beaux édifices des principales villes de cette partie du monde.

Sous le trait carré : A Paris, chez Basset, marchand d'estampes, rue St Jacques, au coin de celle des Mathurins, n° 64. Déposé à la direction générale de l'imprimerie et de la librairie.

La soixante-troisième et dernière case est la reproduction de l'arc de triomphe des Champs-Élysées, surmonté du globe fleurdelisé et de la couronne royale.

H. 0^m,490. L. 0^m,650.

121. — Récréation spirituelle.

Sous le trait carré : A Paris, chez Basset, rue St Jacques, n° 64. Déposé à la direction générale de l'imprimerie et de la librairie.

Se vend chez Vaugeois, tablettier, rue des Arcis, n° 56, « au Singe vert », à Paris.

Cent six cases, représentant chacune un cœur enflammé.

Ce jeu a été inventé à l'usage des couvents et des monastères : on y voit inscrit sur des cœurs enflammés le détachement des parents, les mortifications indiscrètes, les pratiques indiscrètes et l'attachement au confesseur. Il nous rapporte à l'époque de la toute puissance des Jésuites, à l'époque des Missions où, en 1821, à Reims, l'armée concourait à porter la croix du pèlerinage.

H. 0^m,495. *L.* 0^m,610.

122. — Jeu des monumens de Paris.

Sous le trait carré : A Paris, chez Basset, marchand d'estampes, rue St Jacques, au coin de celle des Mathurins, n° 64. Déposé à la direction générale de l'imprimerie et de la librairie.

La soixante-troisième et dernière case représente l'arc de triomphe du palais des Tuileries, surmonté des armes de Louis XVIII.

H. 0^m,500. *L.* 0^m,645.

123. — Jeu des monuments français de la ville de Paris.

Sous le trait carré : A Paris, chez Jean, rue St Jean de Beauvais, n° 10. Déposé à la direction générale.

La soixante-troisième case représente la fontaine du Châtelet, couronnée par l'écusson aux fleurs de lis et la couronne royale.

H. 0^m,490. *L.* 0^m,580.

124. — La manière de jouer au diable.

Le saut périlleux et c'est la façon de le faire qui fait tout.

A Paris, chez Martinet, libraire, rue du Coq, n°s 13 et 15.

Comme couronnement, un diable qui crache des joujoux, tandis qu'un homme fait sauter le diable. Jeu tout français et qui jouit d'une grande vogue à l'époque de la Restauration.
Exempl. colorié. H. 0ᵐ,290. *L.* 0ᵐ,230.

125. — JEU DES PLACES, passe-temps de ceux qui n'en ont pas. Déposé. Gravé par Pélicier. A Paris, chez Darbo, rue de Richelieu, nº 95.

C'est une espèce de double damier avec des cases répondant à la désignation des grands fonctionnaires de l'État.
Exempl. colorié. H. 0ᵐ,420. *L.* 0ᵐ,340.

126. — JEU DES OMNIBUS ET DAMES BLANCHES.

Pas d'indication d'éditeur.
Double cercle composé de douze numéros illustrés par une nouveauté de l'époque, les premiers omnibus. Au centre, un groupe de douze personnes, assises autour d'un tapis vert, jouent à l'omnibus.
H. 0ᵐ,445. *L.* 0ᵐ,440, *du trait carré.*

www.ingramcontent.com/pod-product-compliance
Lightning Source LLC
LaVergne TN
LVHW021812170726
843503LV00007B/3181